YO, MONSTRUOS

Santiago Expósito Amaro

COLECCIÓN ITES

YO, MONSTRUOS

© Santiago Expósito Amaro
© Prólogo: A. Jessica Herrera
© de esta edición: Olé Libros, 2025

ISBN: 979-13-87620-28-8
Depósito legal: V-868-2025
Impreso en España

KALOSINI, S. L.
Grupo editorial **olélibros**
equipo@olelibros.com
www.olelibros.com

YO, MONSTRUOS

DEDICATORIA

Este libro está dedicado, muy especialmente, a todos aquellos locos que compartimos trinchera en la carrera de Humanidades. A mis «Pimpollos» y, sobre todo, a Jessy por soportarme en este proceso.

No me puedo olvidar del artista y hermano @j.delgado. ilustracion, el verdadero Asterión. A mi hermano Chuso, por su música y su amistad de siempre. A mi hermano David, donde quiera que esté, también por su música, por haber seguido juntos desde el principio hasta el final. Al grupo de *rock* madrileño Paddington, por ponerle banda sonora a mi juventud. A los amigos de toda la vida y a los que se han ido incorporando. A todos aquellos que me han brindado su apoyo para presentar mi anterior obra (*Poesía es... ¡apretar los puños!*). A todos los seguidores de mi cuenta de Instagram (@ entre_la_luz_y_las_sombras). A mis compañeros de trabajo y a mis alumnos, que me aguantan todos los días. A mi familia (desde los más lejanos a los más cercanos). A mis sobrinos y su proyecto compartido @royale_with_cheese_films, unos valientes. A mi hermana, que también se defiende trazo a trazo creando universos. A mi padre, del que todavía puedo disfrutar en la tierra, y a mi madre, que está ya en los cielos, y, por supuesto, a mis arcángeles: a todo el personal de Gastroenterología y de Hematología del Hospital Ramón y Cajal de Madrid, por cuidarme y salvarme la vida en 2020. Os llevo a todos en el corazón.

Gracias infinitas al equipazo editorial de Olé Libros por hacerme feliz y creer en este proyecto. ¡¡¡Vamos con todo y a por todo!!!

Este libro (como los anteriores) está inspirado en multitud de canciones de *rock*. Están en los listados que adjunto en formato QR. Gracias infinitas también a todos esos grupos. Este es mi pequeño homenaje.

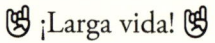 ¡Larga vida! 🤘

¿Dónde tomo este dolor mío?
Corro, pero se queda a mi lado.
... Hay cosas dentro que gritan y gritan...
...Así que abrázame hasta que duerma...
METALLICA, «UNTIL IT SLEEPS».

PRÓLOGO

Preferimos no pensar mucho en ellos, aunque la vida se empeñe en mostrárnoslos recurrentemente: monstruos. Ahí están. Dentro de todos habita, al menos, uno. ¿Qué hacer con eso? ¿Cómo, en nuestros balbuceantes intentos de hacer lo que podemos con nuestras vidas, luchar contra los monstruos que llevamos dentro y también contra los que habitan en los demás?

Nuestro autor lleva muchos años sabiendo cómo hacerlo y haciéndolo a su manera: los exorciza mediante la poesía. Los mira de frente, los tamiza a través de su sensibilidad y los expulsa a ritmo de latido y de grito que se hacen verso.

Estos versos que ante ti se presentan, engarzados en tres historias distintas, son un exorcismo. De todo lo oscuro que uno ve cuando se asoma a su abismo, de todo lo negro que a uno lo atrapa cuando cae en los abismos de otros, como si no tuviéramos suficiente con el propio.

Ahí reside la alquimia: solo si se baja a los infiernos se puede volver a la superficie (si es que tal proeza se logra) con nuevos conocimientos que dejen paso a la luz, que le abran la ventana para que corra por casa y la limpie. Sí, no nos gusta y nos suele dar miedo y, sobre todo, pereza, pero a los monstruos hay que mirarlos de frente. Y de repente ante una mirada firme, que no se acobarda, resulta que ya no dan tanto miedo, resulta que... descubrimos su lado humano, ese lado que podemos llegar a entender, y es que no estarían dentro de nosotros si no fueran parte de lo que somos. Tienen un propósito: mantenernos despiertos, conscientes, recordarnos que cada momento, cada decisión cuentan, nos crean (o nos destruyen), nos impulsan (o nos hunden).

El autor, a través de tres arquetipos, símbolos, mitos, ha mirado a los monstruos de frente, ha preferido conversar con ellos en vez de mirar para otro lado. Y nos ha traído de vuelta una visión diferente, renovada, contarnos lo que no pudieron decir o lo que no quisimos oír. Lo ha salpimentado además con arte y con música, porque no solo habitan monstruos en nuestro interior, porque somos muchas cosas, también luz. Paséate por estas tres narraciones en verso, ven a los infiernos y regresa luego arriba, a la luz, con lo que quieras llevarte de estas historias que tanto el autor como quien escribe esperan que te emocionen tanto como a nosotros.

A. Jessica Herrera
Alcalá de Henares, enero de 2025

YO, ASTERIÓN

El Minotauro los quiere jóvenes.

Hombres y mujeres en la plenitud de su sexo,
a los que observa fornicar entre ellos
una última vez.

Absorto,
antes de degollarles.

Sí.

Como lo oyen.

La bestia existe.

Y Asterión,
pues es así como le bautizaron
Apolodoro y Borges,
contempla,
cara a cara,
el frenesí de la vida
antes de arrebatarla.

Han pasado siglos.
Incluso, milenios.

Los pasadizos
siguen siendo interminables.

Muros ciclópeos
de una belleza marchita,
decadente.

Pasillos donde la esperanza
se ha transformado en piedra.

Una claridad artificial
que esconde obras
y autores que aquí yacen...
...Como los cadáveres.

Cadáveres por doquier.

Cadáveres que ayudan
a distinguir unas galerías de otras.

Cadáveres excelentes,
(fuertes, ellos
y curvilíneas, ellas)
que bajan, incautos,
pensando que todo esto
no es más que una leyenda.

Cadáveres que, alegremente,
agarran sus teléfonos móviles
y se inmortalizan ante cuadros
sin saber, sin apreciar, siquiera,
lo que tienen enfrente.

Bellos y futuros cadáveres.

Cadáveres andantes y rumiantes
que repiten, a modo de ritual,
el paso por las innumerables salas
donde se almacena el arte.

Cadáveres, que,
como era de esperar,
tardan muy poco.

(Leer el letrero correspondiente,
poner cara de sorpresa
y hacerse la foto
es cuestión de dos o tres minutos.)

Hasta que se topan con el Minotauro,
claro.

Él les pregunta
y los visitantes,
en principio,
le contestan sonrientes.

Y, al contrario que antaño,
dejan el miedo de lado.

No dudan en hacerse fotos con él
pensando que es un reclamo.
Otro concurso donde dejar de ser precarios
y poder hacerse célebres.

Sí, queridos lectores,
hoy día, los cadáveres
solo saben hacerse fotos
hasta en el cuarto de baño.

(Si Freud levantara la cabeza...)

Es entonces cuando se
les conduce a un rincón
para que disfruten
de un último homenaje.

(Cortesía de la casa.)

«No hay límite.»

Ese es el truco de magia.

Y como discípulos lascivos
o los niños desesperados
que en realidad son,
se entregan a una frenética danza
donde sexo,
drogas
y, por supuesto,
rock and roll,
les llevan de la mano
hasta ese útero
donde, en realidad,
fue la última vez,
la última,
que se sintieron a salvo.

Asterión sabe muy bien lo que hace.

Alrededor del cielo
ya no queda nada que escuchar.
No hay más elección
que mirarse y dejarse atrapar.

Entonces, se bajan las luces
y comienza la Parca,
lengua con lengua,
a acariciar sus inseguridades.

A ir, pastilla a pastilla,
deshaciendo tantos errores
arrancándose la ropa,
lamiéndose las heridas.

Unos encima de otros,
unos a espaldas de otros,
saboreando,
arañando
los días que no pudieron,
las noches que no durmieron.

Penetrándose con rabia,
jadeando por liquidar su pasado
con esas pistolas de terciopelo
que son su billete al deseo.

Fuerte, fuerte, más fuerte,
se cogen, suben y bajan
llama con llama

hasta que sus sombras desaparecen
y un fogonazo envolvente
inunda toda la cámara.

Y cuando ya están exhaustos,
Asterión cumple con su parte del trato
y los asesina, aunque le imploren.

¿Por qué?

Porque así lo dispusieron los dioses:

—La salvación a cambio
de una escena, Asterión.

Queremos admirar la belleza
en la máxima de sus expresiones.

En esos cuerpos sin madurar,
fogosos y brillantes
que se desean atormentados.

Nunca serán más hermosos
que en esos instantes.

—Hecho.

—No cometas el mismo error
que ya tuviste con Teseo.

—Oh, divinidades,
no.

—Júralo, Asterión.

—Lo juro
por la laguna Estigia.

Y a su memoria vino la figura
de aquel escuálido ateniense,
temblando de miedo,
implorándole.

—¡No me matéis!
¡Oh, gran señor!,

—¿Y por qué no habría de hacerlo,
vil lacayo?
¡¡Responde!!

—Ariadna.

—¿Ariadna?

—¿Quién es Ariadna? —preguntó
intrigado el monstruo.

—Aquella por la que estoy aquí,
dispuesto a mataros
si tuviera el valor suficiente.

...El valor suficiente.

Pero no lo tengo.

Soy un cobarde
y un mentiroso.

—Entonces,
razón de más
para que acabe contigo.
No la mereces —contestó
el Minotauro
dispuesto a abalanzarse.

—Lo sé, gran señor.
¡¡Dejadme explicaros!!

La bestia se detuvo
y le ordenó:

—Hazlo,
antes de que me arrepienta,
hazlo.

Y Teseo,
entrecerrando los ojos,
habló sin tapujos:

—Parece que la tengo aquí delante
despidiéndome
con una última sonrisa
antes de entrar a por vos.

¿La habéis escuchado, señor?

¿Habéis oído la sonrisa
de una mujer enamorada?

¿Habéis visto cómo refulgen sus ojos?

Ahí están,
sin duda,
todas las estrellas.

¿Habéis podido acariciar
su cuerpo desnudo
dispuesta a amaros
por encima, incluso,
de sí misma?

Ahí están todos los poemas.

Se equivocan los que ganan batallas
y ensalzan las guerras,
os lo aseguro.

No hay mayor gloria
que dejarse abrazar entre sus piernas.
Entonces lo entiendes todo.

Y después de un último suspiro,
añadió mirándole fijamente:

—Tenéis razón.
no sirvo para la lucha.

Pero he bajado
hasta este averno por ella.

He sido feliz a su lado
y eso me basta.

Si he de morir,
que así sea.

Ya estoy dispuesto.

Asterión no podía creer
lo que acaba de escuchar.

Nadie le había hablado
nunca de esa manera.

Todas sus anteriores víctimas
caían despavoridas
con el terror reflejado en sus rostros.

Esta, no.

Había dignidad
y alegría en el suyo.

Quizá no valiera
para blandir una espada,
tenía razón.

Pero nunca había visto
a nadie más valiente.

—Márchate —le espetó.
—¿Cómo decís, gran señor?
—Márchate ¡¡Vamos!!

Nunca había visto tanto arrojo.

¡Márchate!
¡Ten una réplica de mi cabeza
y cuenta lo que, buenamente, quieras!
Te lo has ganado.

Y así fue
como de esta manera
y no de ninguna otra,
Teseo salió de allí
anunciando cómo había acabado
él solo con el Minotauro.

Y esa es la historia
que todo el mundo conoce.

La que él ha querido que se sepa.

Sin embargo,
la realidad es bien distinta.

Enfrentado,
por su imperdonable falta
a los Olímpicos y a su ira,
(Zeus, Ares y Atenea,
entre otros)

se dispuso que quedara allí para siempre,
so pena de arrojarlo
a las profundidades del Tártaro,
donde viviría,
como Sísifo,
padecimientos mayores.

—Nadie puede escapar a su destino,
Asterión.
Ni nosotros, siquiera.

Te has librado
gracias a la intervención de Afrodita,
pues la has divertido
y eso te salva.

Pero solo por esta vez,
solo por esta vez.

Recuérdalo bien.
No habrá una segunda.

Por eso no ha muerto,
aunque así lo quieran muchos.

Y tampoco ha perdido el tiempo.

Ha aprovechado todo el espacio disponible
para convertir estas ruinas
en una gran pinacoteca
de horror y de lienzos.

De soledad,
como la suya propia.

De enajenación y de cólera.

Una tristeza abisal,
que no tiene fondo,
como la que ve
en esas pinturas.

El genio creador
tal vez sea
el latido más puro
de un corazón humano.

La capacidad única
de apartar este calvario.
Solo él me puede librar
de todo lo que he provocado.

Y aunque llora en silencio
no se arrepiente
y escribe sobre ello.

Porque escribir es eso:
vengarse,
vengarse
con todas las palabras posibles.

Y atrapa,
entre sus propios versos,
la esencia de cada cuadro

creando así
su propia versión de los hechos.

Y fuma y bebe
y pone música de su listado
«Desde el laberinto»
y comienzan los primeros acordes
y los primeros lamentos:

«...enterrado...»
«...vivo en torno a una rosa moribunda...»
«...rezando...» «...esperando...»
«... llamando a las puertas del cielo...»
«... ¿Por qué me abandonaste
en esta sinfonía destructiva?...»

«...¡Padre!...» «...me escondo...» «...me arrastro...»
«...ahogando...» «... toda mi vida...»
«...hacia el lugar al que pertenezco...»
«...otra vez hasta las cenizas...»

«...Soy la pesadilla imparable...»
«...la vida es maravillosa...»
«... nací para levantar el infierno...»
«...y quiero resistirme al demonio...»
«... atreverme a soñar...»

«... ¿Dónde está el sol en estos días negros?...»
«... ¿Cuándo para esta caída?...»
»... ¿Dónde está el milagro?...»

Todo un torbellino de grupos:

Velvet Revolver,
Hole,
Foo Fighters,
System of a down...

...Provoca que se levante
y se siente
mientras su pluma
se va deslizando nerviosa,
en un viacrucis
de tinta y de fuego.

Aquellos malditos cuervos,
aquellas polillas y gusanos,
desde la oscuridad y la tormenta

Riéndose.

Todos los esqueletos sabiendo
que es el amor
lo que únicamente cura,
pero aquí son solo cuatro letras,
«un día que nunca llega»,
como esa canción de Metallica.

Una blasfemia,
una injuria.

En el fondo,
no ha dejado de ser
aquel ancestral engendro
que el tiempo ha domesticado

aunque sea el verdugo
por voluntad divina.

¿Cómo es?
¿Qué significa amar y ser amado?

E, instintivamente,
 sus ojos van a parar
a aquel cuadro de Hopper
del que apunta:

Que una mujer desnuda y sola,
es una mujer etérea
mientras el mundo,
seguramente,
deja de ser el mundo,
de alegres
y explosivos colores ahí fuera,
para transformarse
en penumbra.

En los colores,
que, de tan claros,
dejan pasar tanta pena.

No hay consuelo posible
ni, tan siquiera,
a pesar de las redes sociales,
donde tiene miles de adeptos.

Followers,
seguidores.

Los hijos de la Generación X
y, que, además, han visto su anuncio:

«Abandonad, los que aquí entréis,
toda esperanza.
Riqueza y exceso
para menores de 25 años.

Bienvenidos al inframundo».

Y eso les ha atraído.

De ahí, tanta fama.

Y le inundan el correo electrónico
y no puede contestarlos a todos
y cree que le va a dar un infarto.

Al final,
lo que no consiguió aquel niñato,
lo van a conseguir Twitter y Facebook.

Y, aunque emocionado,
cuando ya no queda nadie,
corre y corre por todas las salas
hasta caer desmayado.

Eso, tal vez, le desestresa.

Tiempos modernos,
no cabe duda.
donde la supervivencia
es, únicamente,

otro decorado del que yo
solo soy ese Charles Chaplin
que forma parte del engranaje.

Ideas y voluntades sujetos
a tornos y a poleas,
balanzas que descompensan
anhelos y decisiones.

«El show debe continuar»,
canta Freddie Mercury
desde la tumba.

Y ya no tengo ni la categoría
de animal mitológico,
de ninguna de las maneras.

Ni yo ni el resto.

¡¡Por todas las musas!!

¿Qué fue de aquellas sirenas
que enamoraron
a tripulaciones enteras?

¡¡¡Miradlas ahora!!!

¡¡¡Esclavas!!!

Anunciando,
por megafonía,
almas.

Almas a precio de saldo.

¿Dónde?

En la planta sótano
del centro comercial
en el que se ha convertido
este cosmos
donde todo está en venta.

¿Y qué decir de los Cíclopes?

Gigantes que fueron antes
de la gran batalla por sus ideas.

Perdida.

Humillados.

¿De quién es el mérito?, les interrogan.
De nadie, responden.

Y caen,
caen a cientos.

Ahí han estado siempre,
en los cuadros de Francisco de Goya:

Hombres de hierro y tinieblas,
con voluntades que se contraen
reflejadas en sus rostros.

Pinturas negras,
caricaturas ya de sí mismos,
arrodillados ante lo inevitable,
alzando los brazos...

Por eso saltan.

Él los ha visto.

Saltan desde los peñascos,
se suicidan después de gritar a solas
en lo más profundo de sus cavernas.

O en el mejor de los casos,
presos de alcohol y tabaco
llegan hasta el infarto.

Han perdido su humanidad
por cientos de Ulises sin escrúpulos.

 Ulises tan inmorales como inmortales,
«los muy hijos de puta».

Que han andado,
siempre,
construyendo falsedades tan grandes
como aquel caballo de Troya.

Arrastrándose época,
tras época,
tras época.

Justificados
como divertimento para los dioses.

Así es cómo se pasa
de héroe a villano.

Ulises,
te subiste al mismo carro del heno
que inmortalizara el Bosco
y has pintado el tuyo propio.

Por eso, las alimañas campan
en esta tierra prohibida.

Visten con sus mejores galas
mientras se beben las lágrimas
de las gentes agonizantes,
desnudas y raquíticas.

Atadas a las raíces
de muchos sentimientos falsos.

Ahí acuden en masa los grajos
con la mirada oscura
del star system *en sus ojos.*

¿Para qué?

Para proclamar en voz alta
a las nuevas putas de Babilonia.

A los nuevos profetas de masas.

Hay centauros y ninfas que danzan,
frenéticos,
con rostros angelicales
y miradas torcidas,

cantando
en torno a los condenados.

¡Miradlos!

¡Cuánta belleza!

Entretenimiento,
promesas,
que como enredaderas
han ido creciendo
hasta convertirse en un bosque.

El bosque de los suicidas.

Y reyes
y gentes de la púrpura,
espiritual y terrenal,
honorables y excelentísimos glotones,
prevaricando,
hozando desde lo alto.

Dementes.

La humanidad en manos
de dementes
que se sirven como quieren
con ínfulas de grandeza.

Que no se detienen
ante nada y ante nadie.

«¡Es evolución, cariño!»

Un golpe mortal de cinco dedos
que viene hasta este agujero
desde esa piel tan célebre,
la piel del diablo.

Matando...
... santificando en su nombre
queriendo arrancar sus alas
para esclavizarlos.

Y son siempre los mismos
los sacrificados.

Y encima los aplauden
y les erigen estatuas.

Sí, Ulises.

Pensaba que solo eras tú,
pero me equivocaba.
La Historia demuestra
que sois cientos.

¡¡Miles!!

De protagonista de la Odisea
a hombre de cieno.
Tu corazón de perfil griego
también está en ruinas.

¡Maldito seas por siempre!,
clama Asterión.

¡¡Os maldigo a todos!!

¡¡Os maldigo
por el hambre
que habéis provocado!!

Por las ilusiones rotas,
los sueños perdidos.

Por la imposibilidad de unos padres
al intentar consolar a sus hijos.
Porque ellos, a su vez,
también creyeron lo mismo.

Espero que algún dios valiente
desate su justicia sobre vosotros.

Y suena «Simpathy for the devil»,
del listado «poesía es... ¡apretar los puños!».

¿Quién si no convenció a Pilatos
para que se lavara las manos?

¿Quién si no ha mandado
ejércitos contra sí mismos?

¿Por qué razón se cargaron a Kennedy?

Entonces le viene a la memoria
la figura fantasmagórica
de Inocencio X
que reinterpretara Bacon
sobre el original de Velázquez.

Oro, incienso,
veneno y mirra.
Así son todos.

Y grita.

Grita su parte animal,
brama su parte humana
mientras dirige sus pasos
hasta la réplica del Guernica.

Y allí, enfrente,
el color de su cuerpo cambia.

Las venas ya no le responden,
solo obedecen a Picasso.

Y todo en él se convulsiona.

Relámpagos de grises y azules,
claros y oscuros
de luz y de sombra
que luchan entre sí
con toda la furia,
la rabia y el caos posibles.

Y no deja de gritar su parte animal,
de bramar su parte humana.

Locura,
desesperación,
sangre.

Ahí están,
poseyéndole
trazo a trazo,
centímetro a centímetro,
en un ritmo vertiginoso,
salvaje,
demoníaco
mientras siente el escozor
en cada llaga
que se le va abriendo.

En cada poro.

Y lo que se ve es patético.

No hay un rostro más deforme que el suyo
donde los perfiles se juntan.

Ahí tiene su particular castigo.

Se ha convertido en parte del cuadro.

Los dioses,
en el fondo
nunca perdonan.

Los dioses,
en el fondo,
nunca olvidan.

Y lo único que puede hacer es seguir.

Continuar con la ingrata tarea
y esperar a que llegue la noche.

Es en ella
cuando se emborracha y poetiza.

Es lo mejor que puede hacer.

Entonces, debido al aturdimiento,
la cabeza le da vueltas
y no sabe si está dentro del laberinto
en el que se ha convertido su vida
o en una esquina
donde las prostitutas miran tranquilas
a poetas y pintores
puesto que no son competencia.

«Hola, ¿hay alguien ahí dentro?»,
canta Pink Floyd
queriendo romper el muro.

Y es en esa atmósfera psicodélica
donde todo se cubre de surrealismo.

Dalí,
Dalí,
Dalí,
susurra,
a la vez
que el reloj va derritiéndose
ante sus atónitos ojos.

Y con esas imágenes
se queda,
profundamente,
dormido.

Entonces sueña con ser ese semidiós,
ese Hércules
capaz de solucionar las cosas.

Y cree que todos se alegrarán por ello
y, definitivamente,
se desentiende de sus captores
y sale a la superficie
esperando el prodigio.

Nacido para ser salvaje,
siente la libertad que no tiene
montado en una Harley.

Sin órdenes ni divinidades.

Ya no hay más suerte
que la que lleva consigo
acelerando para vivir
todo lo que no ha podido.

«Tienes que respirar y divertirte.»
«¿Vas a seguir mi camino?»,
canta Lenny Kravitz.

Y no ocurre.
No ocurre.

No es ningún «hijo afortunado»,
como recordaba la Creedence.

La gente, como antes,
como siempre,
sale despavorida nada más verle.

Grita, se persigna
dos mil quinientos años después.

Huye,
huye,
huye.

Y Asterión no puede soportarlo
y vuelve sobre sus pasos
y comprende
que su destino está sellado.

Pero, cuando despierta,
al día siguiente,
apenas recuerda lo sucedido.

Y relee todo lo ya escrito
y lo rompe,
furioso,
en mil pedazos.

¡¡Oh, sagrado monte Olimpo!!
¡¡Os lo imploro, dioses!!
¡¡Tened piedad de mí!!

¿Qué soy?
¿Quién soy?

¿Un hombre atrapado en un monstruo?
¿O un monstruo atrapado en un hombre?

Pero no hay respuesta posible.

Esa es la mayor penitencia
mientras toda esta tragedia
se repite día tras día.

Día tras día.

Asterión liberó al amor una vez
de las garras de la muerte
y, por ello,
nunca podrá encontrarlo.

Los dioses,
en el fondo,
nunca perdonan.

Los dioses,
en el fondo,
nunca olvidan.

...Soy dulce por fuera,
un cordero
que todos quieren acariciar.
Pero por dentro tengo garras
y enormes dientes
y ganas de devorar
carne humana...

MARILYN MONROE

YO, MARILYN

Mi imagen sobre el espejo
sangra en dos pedazos.

El del cuerpo
y el del alma.

Dos balazos
con los que me disparan
porque murió aquella belleza
con la que todos se masturbaban.

Sí.
Ahora soy la muerte rubia.

Y paralizo a mis víctimas
mientras me contemplan
con su corazón en mis manos,
con sus mentes tan sucias.

De eso se trata.
El karma me debe muchas
y por fin es mi momento.

Justo ahora.

Donde las nuevas generaciones
me han abandonado.

Ya no seré la humillada,
la Cenicienta que encerraron
en ese macabro cuento de hadas.

La novia de aquella América
a la que enterraron
en una cara bonita
para olvidar sus pecados.

Ahora soy pura.

Ya no volverán a matarnos.

«Las mujeres de miel siempre perdemos»,
 susurran Janis Joplin y Joan Jett,
entre otras:

«Ya no podrán robar nuestra voz»,
«ya no podrán decidir por nosotras».

«Me importa un bledo mi reputación»,
tu paternalismo,
tus prejuicios.

¿Quién eres para decirnos
...nada?

Ya no seremos parte del trato
que la religión pactó con el diablo

«Dile adiós a las típicas mujeres.»

«Seremos más fuertes
que el miedo,
detrás de ti,
enfrente.

Las reinas del ruido,
las reinas del pecado
que nos impusiste.»

Fuimos perseguidas,
sentenciadas,
quemadas en el pasado.

Nos siguen asesinando.
Por eso he resucitado.

Por la gracia de la única diosa del amor
que muda su dolor en ira:
Hathor-Sekhmet,
la diosa leona.

Tuve derecho a una última llamada,
pero allá arriba
nunca me hicieron caso
y supliqué a otros astros.

Aquí no hay perdón que valga.
Por eso, he sido elegida.

*Vuelve la vista
hasta el infinito, hija.*

*Que todo mortal entienda
que aquel que deshonre
al dios que os habita
será ejecutado
con toda tu ira.*

*Que teman tu espíritu
cuando cierren sus ojos.*

*Te rescato desde las garras
para que hundas tu rabia
si os ponen la mano encima.*

¿Y quién mejor que yo como venganza?

Aquella a la que encerraron
en ese bosque de espinas
llamado *Hollywood*
con un billete solo de ida.

Aquella que trataron
como a una muñeca humana.

¡Pobre niña tonta!

¡Pobre niña violada!
Por su padrastro,
por su madre demente,
por esta sociedad enferma.

Por todos los que me ningunearon.

Ahora iré a por vosotros,
a por los que así nos tratan.

Sádicos, pedófilos,
criaturas demoníacas
con el poder de hacer,
de decidir hacer daño.

Iré hasta vuestras conciencias,
que no os quepa duda.

En las de aquellos
que se creen con derecho
a maltratar a alguien
que os quiere sin maldad ninguna.

Te obsesionarás conmigo
hasta que vengas
a esta casa de idilio
para llenarme de sexo.

Y mientras crees que lo logras
clavaré mi odio en tu cuerpo
sacándote lo único humano.

Será tan real
que morirás de miedo
en cuanto te asomes
al precipicio.

En cuanto veas desde mis ojos
lo que me hicieron.

De carne por fuera,
de piedra por dentro.

Caerás bajo el hechizo
de tantos terrores
que morderán
hasta escupirte
 en cada caricia,
en cada palabra,
absorbiendo tu esencia
mientras pierdes tu vida.

Ahora soy la prostituta sagrada.
La misma Eugea ha vuelto.

Aquella por la que ellos pagaban
para morir entre orgasmos.

Llevo mucho tiempo en el abismo.

Soy la oscuridad que crearon.

Me alimento de primaveras
que otros dan por muertas.

Inviernos,
a fin de cuentas,
infiernos
de los que no conocen su fuerza.

Por eso estoy respirando.

Que vengan a mí los hambrientos,
todos aquellos necesitados
de las mentiras
que quieran seguir escuchando.
Que me llenaré de ellos
en esta codicia promiscua
por mi naturaleza ahora:
matar por castigo divino.

Es lo que me queda.

Por fin me siento esa chica rebelde.

Tengo una revolución pendiente
con la historia y los hombres,
aquellos que me moldearon
a su imagen y semejanza.

Aquellos contra los que no pedí ayuda.

No vuelvas a llamarme *cariño*.
Esa palabra para mí ya no existe.

No puedo pensar en otra cosa.
Soy culpable de alimentar a la bestia.

Sí.

Fue más fácil ser víctima
que enfrentarme a mis miedos.

Esta es la mística
que me incendia.

¿Dónde voy con este cielo
enterrado bajo mis párpados?

¿Dónde si las campanas tocan a muerte?
¿Dónde si me robaron
la risa, las estaciones?

¿Dónde si ya se fueron los ángeles?

Es esta tierra que tiembla
donde dejo el puño nublado.

Es este sol
que me transforma en eclipse.

Me arranco estos versos que nacen,
que lloran, que gritan
muertos de amor,
muertos de hambre.

¿Dónde voy con cuentos
si soy el silencio desde lo alto?

¿Acaso no pedí este regalo?

No tengo escapatoria...
Esta es mi última película.

Ya fui la sacrificada
y ahora arderás conmigo
desde mis tripas.

Huye.
Huye hasta mi entrepierna.
Soy la mejor de las pesadillas.

Mi alimento eres tú
y mi amante,
esta tristeza
(todo lo que me arrebataron)
es eterna.

Da igual dónde te escondas.

Duerme.
Ahora, duerme.

¿Ya me ves?
¿Qué tal?
Eres muy guapo.

«Que salga la luz,
que la oscuridad entre.
¡Ven! ¡Ven!
¡Y coge mi mano!...»

Soy poco más que una traición
en punto muerto
ENRIQUE VILLARREAL «EL DROGAS»

YO, ÁNIMA

Puedo atravesar tu imagen fantasmagórica
y sacar de ella la sangre que me falta.

Así, te darás cuenta, en realidad,
que el espectro eres tú.

Que quedan más muertos que vivos
respirando,
comiendo
y durmiendo.

Haciendo el amor a maniquíes
mientras se drogan con sus recuerdos.

Podemos volvernos locos en estaciones y bares,
en dormitorios e ilusiones,
en lugares donde tengamos
alguna cuenta pendiente.

Buscando,
esperando respuestas
hasta que salga el sol.

Cuando hemos de volver
a las cárceles
de las que salimos.

Desde las sombras
a la nada.

Ya ves.

Los monstruos también lloramos.

Y no hay distinción en ninguno de nosotros
cuando viene la muerte.

Empresarios y trabajadores,
santos y asesinos.

Prostitutas,
reinas,
religiosos
y sádicos.

Inocentes
y culpables.

Todos.
Sí.

Todos nos convertimos
en la mejor de tus pesadillas
cuando salimos a tu encuentro
añorando lo que tuvimos.

Aprovechando los segundos
en los que nos hacemos visibles.

Desconcertándote,
mostrándote lo imposible.

Tragedia y Comedia
al mismo tiempo.

¿Qué somos?

Irreales,
exuberantes,
inconcebibles para los justos.
Condenados a vagar
entre este mundo y el otro.

Con más temor que tú
a la humanidad que hemos dejado.

Arrastrando deudas,
intenciones que se pudren
buscando lo que no merecemos.

Y no.
No hay milagros.

No hay lugar para cementerios.

Nuestra tumba,
mi tumba
es el planeta entero.

¿Cuál es la realidad que nos queda?

No entendimos la existencia,
cuanto más esto.

Esperanza es un nombre fatuo.
Un grito sordo.

La fe es un concepto inútil.

El mismo con el que destruyen los templos,
el mismo con el que aniquilan las bombas.

Fe y esperanza,
elixir y veneno.

Jirones de una oración
que aquí no sirven de nada.

Desconchados de un sueño absurdo.

 La luz al final del túnel es un efecto óptico
(tienen razón los científicos).

En esos últimos segundos
nuestro cerebro proyectará
la que será la última película.

Y, ahí, solo ahí,
cara a cara con nosotros mismos,
veremos errores y aciertos,
y seremos el juez más implacable,
pisoteadas ya las máscaras.

Entonces,
la conciencia pesará
como mostraba
la mitología egipcia (a su manera):
a un lado, la pluma de la verdad
y, al otro, nuestros corazones.

Y a unos se les aparecerán
quienes hicieron bien
(solo bien)
y, quizás, renazcan.

(En el fondo, lo desconozco.)

A otros, como yo,
les llamarán sus víctimas
y toda esa rabia
y todo ese odio
se volverá contra ellos
y hará que, literalmente,
mueran de pánico.

No existe, por tanto, ningún Paraíso.

Ninguna gloria eterna
en el nombre de ningún Dios
ni de ninguna bandera.

La luz al final del túnel es un efecto óptico,
pero es la última puerta.

Un pequeño punto
al que te diriges corriendo,
pensando que llegas.

Que al final tienes tu recompensa
y que, transcurridos unos instantes,
simplemente, desaparece.

Ya está.

Entonces, abres los ojos
y te preguntas:
«¿Qué es el más allá?».
Y observas.

Un remolino,
la llama de una vela.

Un paisaje desolador y claroscuro
que se retuerce furioso,
con todo el caos
que la bondad mártir arrastra consigo.

¿Qué es lo que tus pies pisan?
Una silueta, inconclusa.

Árboles sin hojas,
latigazos de rocío
que van sangrando grises y ocres,
donde no quedan posibilidades.

Los cuervos son más negros,
la luna ha desaparecido,
los campos mustios,
los niños...

Los niños...
Lloro por ellos.

Son los más perdidos
cuando vienen.
Más desesperados
si cabe,
gritando,
preguntándoles a las madres
hacia las que corren y tocan,
hasta que entienden que no,
que es imposible que los vean.

Entonces, rompen a llorar
mientras el día se apaga
en un horizonte de paz y derrota.

Hasta que asumen
que son figuras sin importancia
y que los espíritus son
los que quedan al otro lado,

de un color tan intenso
que hiere los párpados.

Sí.

Porque eso son los vivos:
difuntos.
Difuntos que siguen (para nosotros)
sin aprovechar esa oportunidad.

De una imaginación que asusta
porque lo que dejamos atrás es eso:
un espejismo.

El juego del que disfrutabas
y que el tiempo se ha encargado de quitarte.
La única oportunidad para poder ser libres
y aprovechar dicho regalo de los dioses.

Abandonad, por tanto,
vuestra ira,
vuestro orgullo.

No os servirán de nada.

Olvidaos también
de todo lo que hayáis leído y visto.

De los infiernos de Dante,
de los vampiros del Romanticismo,
de los *poltergeists* de Hollywood,
de Dios y del diablo.

Olvidaos.

Solo han sido fruto
de la fiebre calenturienta
de algún poeta loco,
de algún cineasta borracho.

El Empíreo queda muy lejos.

Íncubos, súcubos y ángeles
andarán en otras latitudes
riéndose juntos.

Jugando al póquer con el destino
y haciendo trampas, seguramente.

Entonces,
¿qué nos queda?

La piedra gélida,
inerte,
devoradora de almas.

¿Qué importa ya bajo qué promesas?
¿Qué importa ya bajo qué mármol?

El silencio es el epitafio definitivo.
La SOLEDAD, con mayúsculas.
La desesperación que captáis
cuando intentamos deciros algo
y apenas se reconoce.

Voces que,
en realidad,
son ecos.

Ecos de lo que queremos solucionar
y no podemos.

Y eso nos enfurece.

Entonces, comenzamos
una carrera desesperada a ninguna parte
desordenando vuestras creencias,
derribando vuestras certezas.

Consiguiendo que huyáis
cuando somos nosotros
los más perjudicados.

Los grandes perdedores de la Historia.

¿Cuántos somos, en definitiva?
Miles, millones
de nombres que desaparecen
mientras gusanos y moscas
devoran todo lo que una vez fuimos:
piel y prestigio.

Los primeros allí
son aquí los últimos.

Sus hazañas y sus títulos,
sus riquezas
son inservibles.

Muertos,
una semana
y olvidados.

Cada cual a lo suyo
mientras por estos parajes
ríe la calavera de Macbeth.

«¿Cuántas veces puedes equivocarte?»,
le preguntas.
«Tantas como espinas se te claven.
Tantas hasta que te transformes en zarza
y seas el mal que hiere», responde.

Y no pude,
no.
No supe.

El valor de los buenos momentos,
dejar un buen recuerdo
y caer con tus botas puestas.

No entendí nada.

¿Y qué más da que volara
o me hundiera en la nieve
batiéndome en retirada?

Apenas luché
y perdí.

Por eso, le pido a la vida que te proteja.
Que lo haga como yo no quise hacerlo.

Seguiré por los siglos de los siglos
atado a este último espacio en blanco,
excomulgado, lleno de palabras.

Porque ya he escrito tarde, mal y nunca.

Que toca dejar los renglones torcidos
y que dibujes
como solo saben los valientes.

Las guerreras como tú
que llevan tatuada la rosa de los vientos
en la mirada,
en los labios

en busca de la felicidad
hacia los cuatro puntos cardinales.

Porque me rendí muy pronto.

Dejé que la inspiración que me quedaba
fuera humo y fuera alcohol,
como siempre.

Y discutimos.
Siempre discutía.
No podía frenar mis demonios
después de una copa y otra copa.

Y volaban todos en tromba
desde mis propios miedos
para gritarte hasta asfixiarnos.

Y solo supe acelerar,
estamparme contra los años
hasta llegar
al vacío más insondable.

Le grité al valor,
a la familia,
al sentido común
para creerme importante.

Hicimos de las promesas, llagas.

 Por eso he dejado
que todo se derrumbara.

Que quedara solo la música
antes del último disparo.
Este listado (yo, ánima)
como testamento
herido por lo que un día fui
y por lo que no pudo ser.

Eternamente.

A perder mi propia inmortalidad
por no saber quererte.

Guardo en él
el idioma en el que nacimos
a la primavera primero.

Guardo, también,
los fuegos cómplices.

Guardo la arena que trago
por no convertirnos en nubes.

Desde la Fuga y Tahúres Zurdos,
Rosendo, Fito y Enrique Villarreal,
entre tantos otros.

El tren que siempre perdimos,
la luna que nunca encontramos.

Cruzando el amor
como un susurro
por mordernos hasta sangrarnos.

Solo soy el aliento de Caín
que busca una oportunidad
desde donde despedirse.

Quedaron mis dientes rotos,
muertas las letras
de tantas olas,
de tantos mensajes,
de tantas mareas.

Mis latidos,
como ladridos de un perro apaleado
que rechaza tantas oportunidades.

Y siempre pensamos,
inconscientes,
que no habrá consecuencias.

¡Qué idiotas somos!

Nos jugamos el bien y el mal
apostando a la carta más alta.

Vamos con las navajas,
enterrados hasta las rodillas
creyendo saberlo todo.

Ensangrentando tantos amaneceres.

Y caemos.

Caigo
con la cera derretida en las alas
en el abismo de tus ojos.

Demasiado tarde.

No hay vuelta atrás
para la poesía.

Aprovechad el momento,
aprovechad el momento,
aprovechad el momento,
intentamos deciros.

Es lo único que importa.
El resto es,
ha sido y será
literatura.

Simples adornos.

La angustia,
la zozobra,
la cobardía...

...Tan antiguas como el ser humano.

Ahí quedo,
atrapado.

Tirado en la mala hierba
como una colilla que prende.

Quemándome,
consumiéndome lentamente
porque no me atrevo.

Y ya no hay,
apenas, nada.
Solo intemperie.

Solo residuos.

Los sonidos disminuyen.

Las voces,
el humor,
los cánticos
forman un vacío profundo
que lo ensordece todo.

Y desconoces qué fue lo primero
mientras te arrepientes
y te conviertes en el único testigo
de tu propio crimen.

Y no hay mayor castigo.

Contemplarás a la mujer y a los hijos
cómo volverán a ser felices.

A los amigos, de nuevo, sonrientes
y no podrás advertirles,
ni arreglar el pasado,
ni solucionar su futuro.

Atrapado,
humillado,
inútil.

Golpeando paredes y puertas
desde una brisa gélida.
Corriendo desesperado por pasillos,
camino de ninguna parte.

Violando su descanso.
Creedme.

No hay mayor tortura.

Así es la muerte.

Lujosamente absurda.

Terrorífica para quienes no la conocen,
decepcionante para el resto.

No os lamentéis por los que aquí erramos.

No.
No lo merece.

No respiréis,
comáis
y durmáis en el dolor
por los que ya no estamos.

Por los que pasamos a vuestro lado
y ya no veis.

Sed uno.

Porque la primavera
que late en ti
no se marchite.

Sé una.

¿Cómo?

Ve de la tierra a la Tierra,
de tú a tú con el Cielo.
Aquí y allí quedarán las risas,
los abrazos,
aquellos besos.

Quedarán en el rayo que te ilumina,
en las noches que me llevaste hasta las estrellas.

Se colarán para darte los buenos días.
Serán el agua que llegue hasta tu boca,
la lluvia que riegue los campos.

Será la vida.

Lo que nos decíamos sin hablar
te indicará el sendero.

Cada paso que des...
el aire que respiras...

Ahora me verás en otras miradas,
en un gesto amable,
en el canto de los pájaros.

No hay prisa.

Todo lo que me diste
se multiplicará por mil,
un millón
y formará parte
de un universo que gira y gira.

Más allá de estos huesos
duermen los sueños
y solo lo que hayamos amado
hará posible que se cumplan.

La tristeza, olvídala.
Y vive.

Vive
para que luego vivas.

Alcalá de Henares
15 de diciembre 2024

ÍNDICE